보이차 마스터 **4**

보이차 마스터 4 : 보이차 용어 소사전

제1판 제1쇄 발행　　2017년 2월 28일

지은이	김태연, 대익다도원
사진	김태연, 하보숙, 김학리
펴낸이	허재식

펴낸곳	도서출판 조율
주소	경기도 파주시 탄현면 헤이리마을길 82-91. B동 301호
전화	031-944-8166
전송	031-944-8167
전자우편	joyul@joyulbook.com
홈페이지	www.joyulbook.com
출판신고	제406-2009-000053호(2009년 7월 27일)

ⓒ 김태연·대익다도원, 2017
ISBN　　978-89-97169-32-0 (14590)
　　　　　978-89-97169-20-7 (세트)

값　　　7,000원
저자와 협의하여 인지는 생략합니다.

이 도서의 국립중앙도서관 출판예정도서목록(CIP)은 서지정보유통지원시스템 홈페이지(http://seoji.nl.go.kr)와 국가자료공동목록시스템(http://www.nl.go.kr/kolisnet)에서 이용하실 수 있습니다.
(CIP제어번호: CIP2017003874)

보이차 마스터 ④

김태연 • 대익다도원

조율

들어가며

홍차 혹은 녹차. 우리에게 참으로 친근한 차다. 보스턴 차 사건이나 아편전쟁 등 학창시절 교과서를 통해 접했던 굵직한 역사적 사건들의 단초를 제공한 세계적이고 역사적인 식품이다. 그리고 하동, 보성, 제주도 등 우리나라에서도 맛있는 녹차가 생산되고 있기에 우리에게도 낯설지 않다. 게다가 대형 프렌차이즈 카페부터 동네 어귀에 자리한 조그만 카페에 이르기까지 깔끔하게 우린 오리지날 홍차나 녹차 외에도 버블티, 그린티 라떼, 로얄 밀크티 등 다양한 차 음료들은 이미 기본 아이템이 된지 오래다.

언젠가부터 녹차도 아니고 홍차도 아닌, '보이차'라는 낯선 이름을 가끔씩 듣게 되었다. 전 세계 수많은 나라들 중에서 우리나라 사람들이 가장 많이 방문하는 나라가 중국이다. 우리에게 이처럼 익숙한 나라인 중국에서 만들어진다는 보이차는, 독특한 맛도 있고 건강에도 좋을 뿐만 아니라 오래 두어도 된다고 하니 참으로 신기할 따름이다. 중국 여행 길에 궁금해서 사왔던 차, 혹은 중국을 다녀온 지인이 기념 선물로 사다 준 차가 우리 집 어느 한구석쯤에 들어와 자리 잡고 있다. 한지와 비슷한 종이에 싸인 둥글 넙적한 모양이 주를 이루는 낯선 차는 이렇게 우리 곁으로 다가왔다.

그런데, 막상 보이차라는 것을 마셔보려고 하니 어떻게 해야 하는 지를 잘 모르겠다. "몇 년 전에 사놓고는 까맣게 잊어버리고 있던 것을 지금 마셔도 될까? 평소 먹던 녹차나 홍차와는 다르게 한 덩어리로 붙어 있는 이것을 어떻게 잘라야 하는 걸까? 그냥 녹차 우리듯이 우리면 될까? 아니면 보리차 끓이듯이 주전자에 넣고 푹 끓여야 하나? 도대체 양은 또 얼마나 넣어야 하는 거지?" 이리저리 생각을 하다 보니, 머릿속이 복잡해진다. 차 한 잔 마시는데 뭐 이리 생각할 게 많은가 하며 차를 다시 제가 있던 구석에 도로 돌려놓는다.

평소에 다양한 도구를 사용하여 차를 우려 마시는 것에 익숙하지 않은 사람이라면, 선물 받은 보이차를 놓고 누구나 한번쯤 이런 상황을 경험한 적이 있을 것이다. 그러나 사실, 간단하게 보이차를 마시고자 한다면 별로 어려울 것도 없다. 어차피 차의 한 종류고 마실거리인데, 녹차나 홍차와 크게 다를 바가 무엇이 있겠는가.

커피 역시 우리에게 그렇게 다가왔다. 처음에는 블랙커피냐 다방커피냐 만을 따졌지만, 이제는 에스프레소, 아메리카노, 라떼, 카라멜 마끼아또 등의 커피 메뉴는 중고등학생도 술술 말할 수 있을 만큼 대중화되었다. 이제는 적지 않은 사람들이 집에서 커피 머신을 사용하거나 드립 커피를 내려마시고, 산지나 로스팅 정도에 따른 맛도 구분하는 사람들도 많아졌다. 이 역시 처음부터 그랬던 것은 아니지 않은가.

보이차 역시 마찬가지다. 언제 어디서나 쉽고 편하게 즐길 수 있는 티백tea bag도 있고, 우유를 더해 밀크티milk tea로 만들 수도 있고, 과일이나 향신료를 더해 베리에이션 티variation tea를 만들어도 좋고, 세월의 묵직함이 묻어나는 진년보이차aged Pu'er tea를 즐기는 것도 가능하다. 보이차에 대한 아주 기본적인 지식만 안다면 말이다.

그래서 '보이차 마스터' 시리즈는 보이차에 대한 가장 기초가 되는 지식들을 쉽게 전달하여, 우리 집 한구석에 잠자고 있는 보이차를 꺼내 가까이 두고 즐길 수 있기를 바라는 마음에 기획하였다. 이 책에 보다 쉽게, 편하게, 부담 없이 보이차를 즐길 수 있게 되기를 바라는 작은 희망을 담았다.

자, 이제 책을 펼치고 맛있는 보이차를 즐겨보자.

2017년 새해
대익다도원 김태연

들어가며 • 5

용어를 알면 깊이가 보인다 • 11

01 차나무 및 차의 원료 • 17

02 차의 종류 • 29

03 차의 가공 1_모차 초제 • 47

04 차의 가공 2_정제 • 53

05 차의 평가 • 63

06 차의 포장 및 보관 • 79

07 차의 성분 • 89

08 차를 우리는 도구 • 95

자모순 표제어 찾기 • 109

일러두기

1. 차의 제다 과정, 특징이나 맛, 향기 등을 묘사하는 단어는 모두 중국어를 한국 독음으로 표기하였다.
   예) 風選 → 풍선, 醇厚 → 순후
2. 차 이름과 차 이름에 들어가는 지명은 모두 우리나라에서 쓰이는 발음대로 표기하였다.
   예) 푸얼차 → 보이차

용어를 알면 깊이가 보인다

중국 서남쪽에 자리한 윈난에서 만들어지는 보이차는, 이제 우리에게 아주 낯설지만은 않다. 여러 가지 매체를 통해 보이차의 신비로움과 효능이나 가치에 대해서 한두 번 즈음 들어보았던 듯하다. 그러나 보이차는 아직도 어렵게 여겨지는 차다. 그 이유는 무엇일까.

보이차에는 다양한 '설'이 존재한다. 오래될수록 좋다더라, 모산지의 차가 특히나 좋은 것이라더라, 여러 가지 효능이 있다더라, 가품이 많다더라, 속기 쉽다더라와 같은 설 말이다. 그런데 이런 수많은 설이 있기 때문에 보이차를 즐기기 위해서 자꾸 궁금한 자료를 찾아보게 된다. 그리고 인터넷에는 너무나 많은 양의 정보들이 쏟아지고 서점에 가보면 해마다 새로운 보이차 책들이 출간된다. 그런데 문제는 막상 필요하다고 생각하여 찾아봤는데 무슨 말인지 알 수 없는 경우가 많다.

간단한 예를 하나 들어보자. 인터넷에서 반장보이차를 검색하니, 보이차 매니아 혹은 고수라는 사람의 시음기가 나타난다. '반장의 곡화차로 진년보이입니다. 몇 년 안 됐는데 벌써 진향이 나타나기 시작했고요, 생진효과도 있으면서 맛이 순후합니다.' 분명히 우리말이고 얼추 무슨 뜻인지 짐작은 하는데, 일상생활에서는 쓰이지 않는 어휘가 다수인지라 정확하게 무슨 의미인지는 잘 모르겠다.

사실 보이차뿐만 아니라 어떤 분야든지 깊게 이해하고 싶다면 그 분야에서 쓰이는 고유한 어휘는 기본적으로 익혀야만 한다. 딱히 차라고 해서 더 어려운 말을 쓰는 것은 아니다. 다만, 보이차는 우리나라가 아닌 중국에서 만들어지는 차이기 때문에 당연하게도 보이차와 관련된 어휘는 중국어로 이루어져 있다. 특히 보이차를 만드는 과정이라든가 맛과 향을 평가하는 표현 같은 어휘들 중에는 단어 자체가 우리나라에 존재하지 않는 말도 있고, 딱히 대체할 만한 표현이 없는 경우도 있다. 그래서 대부분의 어휘가 한자어 그대로의 독음으로 표현하고 있고, 이러한 이유로 차를 처음 접하게 되면 말이 너무 어렵다고 느끼는 것이다. 그러나 외국어로 되어 있는 데다 우리 일상 생활에서 쓰는 어휘가 아닌 것들이 처음부터 쉽게 느껴진다면 오히려 그것이 이상한 일 아닐까.

이 책은 평소 보이차를 조금 더 이해하고 싶은 마음은 있으나, 이렇게 생소한 어휘들로 인해 어렵게 느껴졌던 분들에게 작은 도움이라도 되었으면 하는 마음으로 기획하였다. 차를 전문적으로 배우려는 목적보다는, 평소에 편하게 차를 즐기고자 하지만 조금 명확하게 어휘에 대한 정의가 필요했던 사람들에게 권하고 싶은 책이다. 차나무와 원료, 차의 종류, 보이차의 초제와 정제, 보이차의 맛과 향기 및 성분, 보이차를 우리고 마실 때 필요한 도구들에 이르기까지, 보이차를 즐기기 위해 알아두면 좋을 단어들을 골라 수록하였다. 처음 보이차를 접하게 된 분, 평소에 보이차에 대해 약간이라도 관심이 있었던 분, 여러 낯선 어휘들로 다소 어려움을 느꼈던 분. 이런 분들에게 모르는 단어를 찾아가며 새로운 배움을 즐길 수 있는 기회를 제공하고 싶은 마음을 담았다.

  새로운 것을 배울 때는 언제나 마음이 설렌다. 내 앞에 내가 몰랐던 새로운 세계가 펼쳐지는 듯한 느낌은 언제나 기분 좋은 긴장감과 흥분을 선물해준다. 마음에 드는 보이차 책 한권을 꺼내들자. 잘 정리되어 있는 인터넷 사이트나 블로그를 열어 놓아도 좋겠다. 그리고 따끈한 보이차 한잔을 따라놓고 이 책을 곁에 놓아두고 책을 읽다가, 혹은 블로그를 들춰보다가 어휘를 몰라 막힌다면 이 책을 슬쩍 들추어보자. 새로운 보이차의 세계가 열릴 것이다.

01

차나무 및 차의 원료

교목형 (喬木型, Arbor form)

교목형 차나무는 주간主幹(나무의 중심이 되는 줄기)이 뚜렷하게 나타나고, 자연적인 생장 환경에서 보통 3~5m까지 자라며, 야생 차나무는 10m가 넘게 자란다. 차나무 중에서는 수고樹高가 가장 높다. 나무의 기둥이 분명하고 가지가 자라나는 지점이 높으며 원뿌리가 발달해 있다. 보이차의 주 원료가 되는 나무이다.

소교목형 (小喬木型, Semi-treerescent form)

소교목형의 나무는 키가 교목과 관목의 중간 정도이며 가지가 뻗어나가기 시작하는 지점이 지면에서 비교적 가깝다. 나무 기둥이 분명하게 구분되는 편이고 자연적인 성장 환경에서 수관樹冠(나무의 몸통) 위에 나뭇가지나 잎이 무성한 부분이 비교적 높고 크게 자라며 뿌리가 비교적 발달해 있다. =반교목형.

반교목형 (半喬木型, Semi-treerescent form)

소교목형과 같은 말이다.

관목형 (灌木型, Shrub form)

관목형 차나무는 키가 작은 편으로 자연적인 생장 환경에서도 보통 1.5~3m 정도 자란다. 주간이 뚜렷하게 나타나지 않아 가지가 지면과 가깝고 상당히 촘촘하다. 뿌리가 비교적 얕게 자라면서 측근이 발달한다. 중국에서 가장 광범위한 지역에서 재배되는 차나무이다. 보이차 원료의 경우, 관목과 흡사한 형태의 나무들로 차밭이 조성되었다 하더라도 실제로는 교목형이나 소교목형의 차나무라고 보면 무방하다.

1 교목형
2 소교목형(반교목형)
3 관목형

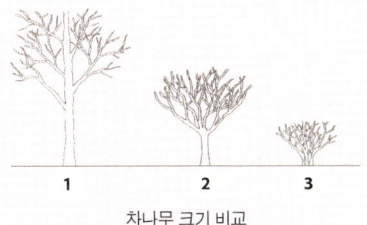
차나무 크기 비교

야생형 (野生型, Wild tea plant)

차나무가 자라나는 과정에서 원시형태의 특징을 가지고 있는 차나무를 일컬으며, 교목형과 소교목형이다. 자연적으로 번식하는 특징을 가지고 있어 자연적으로 범위가 계속 넓어질 수는 있으나 세대를 지나면서 변이가 일어날 수 있다.

원시형 (原始型, Primitive type tea plant)

야생형과 같은 말이다.

재배형 (栽培型, Cultural type tea plant)

차나무가 자라나는 과정에서 진화된 특징을 보이는 차나무로 찻잎의 채엽을 편리하게 하기 위한 목적으로 재배하는 형태의 차나무를 말한다. 대부분의 경우 처음에는 야생종이었던 차나무를 인공적으로 재배하는 형태 및 품종 개량 등을 통해 만들어진 차나무이다.

과도형 (過度型, Transitive type tea plant)

야생형과 재배형의 중간적 특징을 보이는 차나무로, 화기관과 잎싹의 구분이 야생형과 재배형의 특징을 가지고 있다.

황야차 (荒野茶, Wild tea plant)

야생에서 저절로 자라났거나, 사람이 재배하다가 관리하지 않고 방치된 차나무를 의미하며, 방황차放荒茶 혹은 야방차野放茶라고도 부른다. 이런 차나무에서 딴 잎으로 만든 차 역시 황야차라고 말한다.

수전 (修剪, Tea pruning)

양질의 수관을 길러내기 위해 기구를 이용하여 차나무의 가지 일부분을 잘라내는 작업. 차나무 품종의 특징과 생장 환경, 생장 정도, 관리 수준에 따라 수전 상황을 결정한다. 우리나라에서는 전지剪枝 또는 가지치기라고 한다. 어린 차나무의 수형을 잡아주는 정형수전定型修剪이나 자르는 깊이에 따라 분류하는 심수전深修剪, 경수전經修剪 등 다양한 방법이 있다.

대차수 (大茶樹, Big tea tree)

일반적으로 어느 정도 이상의 수령이 있는 야생의 차나무를 일컫는 말로 야생차수와 고차수 등과 혼용되어 쓰인다.

고차수 (古茶樹, Ancient tea plant)

자연림에서 생장하는 야생 고차수 및 그 군락을 지칭하며, 인공재배를 한지 백년 이상 된 다원 역시 이에 속한다. 시중에서는 오래된 차나무를 일컫는 보편적 어휘로 쓰이기도 하며, 노차수老茶樹와 혼용되기도 한다. 고차수의 잎으로 만든 차를 고수차라고 부른다.

야생차수 (野生茶樹, Wild tea tree)

인공재배를 하지 않은 상태의 차나무. 차나무는 사람에 의해 재배되기 전의 상태를 모두 야생이라고 할 수 있다. 자연적으로 번성하고 생장한 차나무뿐만 아니라, 처음에는 인간에 의해 재배되었다가 나중에 방치된 황야차 역시 이에 속한다.

대지차 (台地茶, Tableland tea)

차의 생산량을 늘리기 위해 다원에서 밀식재배密植栽培하는 차. 차나무의 경제수령은 10~60년 정도로, 대지차는 산업자원으로서의 경제성을 특화시키기 위해 조성하는 것이기 때문에 대부분의 차나무가 이 경제수령 안에 들어간다. 생산량을 높이기 위해 신품종으로 다원을 조성하는 경우가 많다. 일반적인 대지차는 관목형 차나무가 대다수를 이루는 데 반해, 보이차의 원료가 되는 대지차는 다원에서 밀식재배되고 있지만 기본적으로 교목형 차나무를 인공으로 왜화矮化(가지치기 등을 통해 인공적으로 수고를 낮추는 것)시켜 조성한다. 대지차의 찻잎으로 만든 완성 차 역시 '대지차'라고 부른다.

1 대지차 차밭
2 왜화시킨 교목형 대지차 나무

차수왕 (茶樹王, The king of tea trees)

가장 수령이 오래되고 큰 나무를 지칭하는 말로, 보통 수 천 년의 수령을 지니고 있다. 봉경鳳慶에 있는 수령 3200년의 면수차왕綿秀茶王, 천가채千家寨에 있는 수령 2700년의 1호차수왕一號茶樹王 등이 대표적이다.

천가채(千家寨)에 있는 수령 2700년의 1호차수왕(一號茶樹王)

운남대엽종 (雲南大葉種, Yunnan large leaf types)

윈난성의 차 생산지에 분포해 있는 교목형 및 소교목형의 대엽종 차나무 품종을 일컫는 말이다. 보이차의 원료가 되는 차나무 품종으로 잎이 크고 폴리페놀 함량이 높아 보이차 제조에 적합하다. 맹고대엽종勐庫大葉種, 봉경대엽종鳳慶大葉種, 맹해대엽종勐海大葉種 등이 이에 속한다.

찻잎의 크기별 차나무의 종류

특대엽종
잎의 면적이 60㎠ 이상

대엽종
잎의 면적이 40-60㎠ 사이

중엽종
잎의 면적이 20-40㎠ 사이

소엽종
잎의 면적이 20㎠ 이하

찻잎의 크기로 차나무의 종류를 알 수 있는 계산식

잎의 면적㎠ = 잎의 길이㎝ × 잎의 너비㎝ × 0.7

이 계산식은 단순히 찻잎의 크기만으로 계산하는 방식이다. 차나무의 종류를 결정하는 데에는 여러 가지 요인이 종합적으로 고려되어야 하므로 간단하게 참고만 삼는 것이 좋다.

자아 (紫芽, Violet bud)

자색이 도는 찻잎을 말한다. 일부 차나무 품종에서 안토시아닌 함량이 높아 생성된다. 또는 여름과 가을계절에 차나무 체내의 색소의 누적이 증가되면서 세포액의 pH지수가 상승되어 붉은색의 잎이 생기기도 한다. 쓰고 떫은 맛이 강하기 때문에 보이차를 만들 때 일부러 골라내기도 한다.

자연 (紫娟, Zijuan tea)

운남대엽종의 변이품종으로, 일반적인 자아차와는 달리 잎과 줄기가 모두 짙은 자주색이나 보라색을 띠는 것이 특징이다. 차의 병면은 짙은 검은 빛이 나며, 탕색은 보랏빛이 돈다. 2005년 중국의 국가식물신품종보호권을 취득하였다.

차화 (茶花, Tea flower)

가지 맨 끝 혹은 엽액에 착생하는 양성화로, 꽃잎은 흰색이며 노란색이나 주황색의 꽃술을 가지고 있다. 순차적으로 꽃순을 분화하기 때문에 지역에 따라 빠르게는 여름부터 늦게는 겨울까지 꽃이 피기도 한다. 꽃이 피고 나면 이듬해 다시 꽃이 필 계절에 과실이 성숙된다. 차꽃은 본래 이용하지는 않으나, 간혹 차꽃만 모아 병차로 긴압하여 만드는 경우도 있다.

과실 (果實, Fruit)

식물의 꽃이 꽃가루를 통해 수정을 하고 난 후 자방子房이나 화탁, 꽃받침통 등과 같은 주변에 과실 껍질과 씨앗의 기관이 형성되는 것, 즉 차의 열매를 뜻한다. 차나무의 과실은 단실單室, 쌍실雙室, 삼실三室, 사실四室, 오실五室 등으로 자라는데, 이는 차과 식물의 특징 중의 하나이다. 처음에는 녹색이었다가 점점 성숙해짐에 따라 짙은 녹색, 붉은색, 황녹색 등 매우 다양한 색깔로 바뀐다. 모차를 만들 때 간혹 차의 과실이 들어가는 경우도 있는데, 이는 보이차의 품질을 저하시키는 원인이 되므로 정제 과정에서 모두 골라낸다.

종자 (种子, Seed)

차의 씨앗으로, 밑씨가 수정되고 발육 형성된 것이다. 씨앗 껍질과 밑씨의 두부분으로 구성되어 있다. 밑씨는 새로운 차나무의 기초가 된다. 흑갈색, 갈색, 검은색 등이 있으며, 크기는 차나무의 종류에 따라 조금씩 다르다.

방해각 (螃蟹脚, Viscum articulatum Burm.f)

윈난성 란창瀾滄이나 시솽반나西雙版納 등지의 수령이 오래된 차나무에서 기생하여 자라는 식물이다. 원래 초록색인데 말리면 수분이 빠져 납작해지면서 마디가 있는 모양이 나타나 게다리와 비슷하게 생겼다고 하여 방해각이라 불리게 되었다. 보이차와 병배하여 같이 압병하는 경우도 있고 방해각만을 따로 건조하여 두었다가 보이차를 우릴 때 같이 넣어 우리기도 한다.

02

차의 종류

보이차 (普洱茶, Pu'er tea)

지리 표시 보호구역 내에서 생산되는 운남대엽종 쇄청모차를 원료로 특정한 가공 과정을 거쳐 만든 차를 의미한다. 차의 가공 과정 중에 인공발효 과정 여부에 따라 생차와 숙차로 구분한다.

보이 생차 (普洱生茶, Pu'er Raw Tea)

운남대엽종 쇄청차로 만든 모차를 사용하여, 증기를 쐬고 압제성형을 하여 만드는 차를 말한다. 찻잎의 색은 짙은 녹색이고 탕색은 노란빛을 띠는 녹색이며 맑고 투명하다. 또한 맑고 순수한 향이 오래 지속되며, 쓰고 떫은 맛이 진하면서도 두텁고 뒷맛이 달다.

보이 숙차 (普洱熟茶, Pu'er Ripe Tea)

운남대엽종 쇄청차로 만든 모차를 사용하여, 발효와 압제성형 등의 과정을 거쳐 완성되는 차로 찻잎의 색은 붉은빛이 도는 갈색이고 차탕은 맑고 진한 붉은색이다. 독특한 진향이 있으며 맛은 순하고 두터우며 뒷맛이 달다.

보이 생차의 찻잎, 탕색, 엽저

찻잎
찻잎의 색은 짙은 녹색이다.

탕색
노란빛을 띠는 녹색이며 맑고 투명하다.

엽저
연두색이나 시간이 오래되면 붉은색을 띤다.

찻잎
찻잎의 색은 붉은빛이 도는 갈색이다.

탕색
탕색은 맑고 진한 붉은색이다.

탕색
검붉은색을 띤다.

보이 숙차의 찻잎, 탕색, 엽저

> 산차

긴압 과정을 거치지 않아 찻잎 본연의 모양을 비교적 완전하게 유지하고 있는 차.

> 긴압차

산차 혹은 반제품 차에 증기를 쐬고 압력을 가해 덩어리 형태로 누른 차.

병차

전차

방차

소타차

타차

산차 (散茶, Bulk tea)

긴압 과정을 거치지 않아 찻잎 본연의 모양을 비교적 완전하게 유지하고 있는 차를 말한다. 보이차, 흑차 등을 제외한 중국에서 생산되는 대부분의 차들이 산차의 형태를 띠고 있다. 산엽차散叶茶라고도 한다.

긴압차 (緊壓茶, Compressed tea)

압제차壓制茶라고도 한다. 산차 혹은 반제품의 차에 증기를 쐬고 압력을 가해 전차, 병차, 단차, 타차 등 덩어리의 형태로 누른 차. 원료에 따라 보이차, 황차긴압차, 홍차긴압차, 오룡차긴압차, 흑차긴압차 등으로 나눌 수 있다.

병차 (餅茶, Cake tea)

윈난에서 만들어지는 편평하고 동그란 형태의 긴압차. 생산 과정에 따라 청병青餅, 숙병熟餅으로 나눈다. 일반적으로 357g으로 생산되며, 직경이 약 20cm, 중심 부분 두께가 약 2.5cm, 가장자리 두께가 약 1cm 정도 된다. 최근에는 100g, 200g, 500g, 1kg 등 다양한 규격으로도 생산되고 있다. =칠자병차七子餅茶.

방차 (方茶, Cube tea)

정사각형의 형태로 만든 긴압차. 100g, 125g, 250g 등의 다양한 규격으로 만들어진다. 일반적으로 차의 표면에 '보이방차普洱方茶', '복福, 녹祿, 수壽, 희禧'와 같은 글자를 찍어내기도 한다.

전차 (磚茶, Brick tea)

벽돌 모양의 직사각형 형태로 눌러 만든 긴압차. 보이차나 흑차류 외에도 홍차를 긴압해 만든 미전米磚 등이 이에 속한다.

타차 (沱茶, Tuo tea)

작은 밥그릇을 엎어놓은 것 같은 형태의 긴압차.

소타차 (小沱茶, Mini Tuo tea)

한번에 우려 마실 수 있도록 아주 작은 크기의 동글납작한 형태로 만든 차. 차를 나눌 필요가 없기 때문에 대중적으로 선호되는 차이며, 금박이나 은박포장을 한 것도 많이 나오고 있다.

특형차 (特型茶, Special type tea)

전형적인 형태의 긴압차 외에, 호박 모양의 금과金瓜, 구체형의 구차球茶, 벽에 걸 수 있게 장식고리가 달린 동전차銅錢茶 등 다양한 형태로 제작되는 차들을 말한다.

구차

보이차고 (普洱茶膏, Pu'er tea ointment)

운남대엽종 찻잎을 발효 가공시킨 후 찻잎의 섬유물질을 분리시켜 얻은 차즙을 이용하여 건조하고 굳혀서 고체의 수용차 형태로 만드는 것이다. 물에 넣고 바로 우려 마시면 되고, 휴대나 보관이 편리한 장점이 있다.

보이차분 (普洱茶粉, Pu'er tea powder)

보이차를 편하게 마실 수 있게 개발된 제품으로, 보이차를 분

쇄하거나 추출하여 가루로 만들어 물에 타 마실 수 있는 형태 등이 있다. 오늘날 유통되는 대부분은 후자의 것으로, 보이차를 간단하고 편하게 즐길 수 있다는 장점이 있다.

감보차 (柑普茶, Citrus pu'er tea)

중국 광둥의 신후이新會, 쓰후이四會 지역에서 주로 나는 귤을 다지감茶枝柑이라고 부르는데, 이 다지감 안의 과육을 빼내고 그 안에 보이차를 넣어 만드는 차다. 귤의 신선하고 상큼한 향기와 보이차 특유의 맛이 어우러지는 것이 특징이다. 지역에 따라 귤보차橘普茶라고도 하며, 귤이 익은 다음에 만들면 홍감紅柑, 푸른 상태로 만들면 청감靑柑이라고도 부른다.

아포차 (芽苞茶, Bud tea)

찻잎이 자라나면서 차싹을 싸고 있던 인편鱗片이 벌어지거나 떨어지는데, 이것을 모아서 만든 것이 아포차이다. 일부 고차수가 많은 지역에서 나오며 보이차처럼 병차로 만들기도 하는데, 표면에 털이 보송보송하게 나있으며, 향과 맛이 은은하다.

제다 과정이나 유효 성분이 보이차와 다르기 때문에, 엄격한 의미에서는 보이차에 포함시킬 수 없다.

봄차 (春茶, Spring tea)

겨울을 지나고 봄에 난 찻잎, 혹은 봄철에 만든 차. 겨울을 지나면서 차나무는 휴면기에 접어들면서 영양분을 비축하게 되는데, 특히 아미노산의 함량이 다른 시기의 찻잎보다 높기 때문에 봄차는 신선한 느낌이 많이 들어 고급 보이차 원료로 각광받고 있다. 일반적으로 보이차의 봄차는 2월부터 5월까지 따는 잎을 말한다. 봄차는 따는 시기에 따라 춘첨春尖, 춘중春中, 춘미春尾로 구분하기도 한다.

여름차 (夏茶, Summer tea)

여름에 자라는 차나무의 싹과 잎, 혹은 여름에 만든 차. 여름은 일조량이 많고 기온이 높기 때문에 수분이나 영양분의 손실이 일어나기 쉽고, 폴리페놀의 함량이 높아 쓰고 떫은 맛이 조금 더 강하게 나타날 수 있다. 일반적으로 여름차는 6월 초에서 7월 말까지를 말한다. 이수차二水茶, 우수차雨水茶라고도 부른다.

가을차 (秋茶, Autumn tea)

가을에 자라는 차나무의 싹과 잎, 혹은 가을에 만든 차. 가을은 일교차가 크고 비가 적게 오기 때문에, 가을차의 품질을 결정짓는 가장 중요한 요소는 수분이다. 일반적으로 8월 초에서부터 10월 초중순까지 딴다. 가을차는 향이 좋고, 신선하고 단맛이 많이 돌아 보이차의 주요한 원료가 된다. 곡화차谷花茶, 백로차白露茶라고도 부른다.

겨울차 (冬茶, Winter tea)

늦가을 이후에 자라는 차나무의 싹과 잎, 혹은 겨울에 만든 차. 겨울은 기온이 낮아지기 때문에 차나무가 대부분의 생장 활동을 멈추는 휴면기에 돌입하게 된다. 따라서 대부분의 지역에서는 겨울에는 차를 생산하지 않는다.

명전차 (明前茶, Tea picked before Qingming Festival)

청명절 전에 따는 찻잎으로 가늘고 여리며 향과 맛이 좋다.

우전차 (雨前茶, Tea picked before Grain Rain)

청명이 지나고 4월 20일경 곡우가 되기 전에 따는 찻잎으로, 일반적으로 맛이 신선하며 내포성이 좋다. 봄이 시작되고 곡우경에 따는 차를 모두 일컬어 우전차라고 부르기도 한다.

고산차 (高山茶, High mountain tea)

해발고도가 비교적 높은 산지에서 나는 차. 고산지역은 운무가 많이 끼고 산란광이 많아 차나무 생장에 유리하며, 공기 중에 포진해 있는 습기는 찻잎의 생육을 좋게 해주기 때문에 여린 찻잎 생장에 도움이 된다. 또한 일교차가 심한 편이고 토양의 유기질 함량이 비교적 높은 편으로 차의 향기 형성에 유리하다. 이러한 이유로 고산지역에서 나는 차는 일반적으로 향이 짙고 내포성이 좋아 우수한 품질의 차로 손꼽힌다.

우수한 품질의 차를 재배하는 고산지역.

대지차 (台地茶, Tableland tea)

대지차의 찻잎으로 만든 차. 에피갈로카테킨갈레이트EGCG와 에피카테킨갈레이트ECG 함량이 높다. 대지차라는 말은 일반적으로 두 가지 뜻이 있는데, 하나는 대지차 다원에서 재배되고 있는 차나무를 말하고, 다른 하나는 대지차 차나무의 잎으로 만든 차를 말한다. 대지차수와 대지차로 엄격하게는 구분할 수 있지만, 보통 혼용하여 사용한다.

대수차 (大樹茶, Big tree tea)

대차수의 찻잎으로 만든 차.

야생차 (野生茶, Wild tea)

야생차수의 찻잎으로 만든 차.

야방차 (野放茶, Abandoned planted tea)

처음에는 인간에 의해 재배되었거나 차밭으로 형성되었다가 오랜 기간 동안 관리하지 않고 방치된 차나무의 잎으로 만든 차. 황야차荒野茶, 황지차荒地茶라고도 한다.

산두차 (山頭茶, Mountain tea)

각 산지에서 만들어지는 순료차를 말한다. 예를 들어, 이무易武지역의 찻잎을 쓰면 이무차, 경매景邁지역의 찻잎을 쓰면 경매차와 같은 식으로 이름 붙인다.

산채차 (山寨茶, Mountain fastness tea)

산두차와 비슷한 의미로 쓰인다. 그러나 보이차의 원료가 되는 차산은 매우 크기 때문에 같은 산에서 자란 차나무일지라도 구체적 지역에 따라 다소 다른 맛과 향을 띠기도 한다. 때문에 최근에는 산두차에서 더 나아가 산채차山寨茶(산간 지역에 자리한 마을)의 개념을 강조하는 경우가 많다. 포랑산布朗山에서도 노반장老班章, 신반장新班章, 반분班盆, 노만아老曼峨, 하개賀開 등으로 구체적 지역 이름을 붙이는 것이 그러한 예다.

이무정산
산두차. 이무지역의 찻잎으로 만들어서 '이무'라는 이름을 사용하였다.

칠자병차 (七子餅茶, Qizibing tea)

송나라 용봉단차龍鳳團茶의 존재가 변형되어 전해졌다고 알려져 있으며, 윈난에서 생산되는 병형餅形의 긴압차를 말한다. 교소원차僑銷圓茶라고도 부르는데, 주로 동남아 일대의 중국 교포들을 중심으로 판매되었기 때문에 붙여진 이름이다. 칠자는 자손 번성과 다복의 의미가 있다.

병배차 (拼配茶, Blended tea)

여러 가지의 찻잎을 섞는 병배 과정을 통해 만들어진 차. 층차감이 좋고 풍부한 맛과 향을 표현해내는 것이 특징이다.

순료차 (純料茶, Virgin material tea)

일구료차一口料茶라고도 하며, 한 가지 종류의 찻잎으로만 만든 보이차를 말한다. 산지차 같은 것이 순료차에 속한다.

차두 (茶頭, Clod of tea leaves)

초제 과정에서 살청과 유념을 거친 찻잎이 제대로 풀어지지 않을 때 생기는 차 덩어리로 흘답차疙瘩茶라고도 부른다. 숙차의 발효 과정에서 찻잎의 팩틴의 작용으로 인해 서로 뭉친 딱딱한 덩어리를 말하기도 한다.

03

차의 가공 1
〈모차 초제〉

모차 초제

1 **채차** 차나무에서 찻잎을 따는 작업.
2 **탄방** 선엽을 널어놓아 수분을 증발시켜 잎을 부드럽게 만드는 작업.
3 **살청** 초제 과정의 첫 단계로 열을 가하는 작업. 폴리페놀 물질의 효소 산화를 둔화시키고, 풀내를 제거하는 목적이 있음.
4 **유념** 찻잎을 비비거나 문질러 길게 말린 형태로 만드는 작업. 세포 조직을 파괴시켜 찻잎의 화학적 변화를 촉진함.
5 **쇄청** 살청이나 유념을 거친 차를 마지막으로 태양빛에 자연 건조하는 작업.

초제 (初制, Primary processing)

'선엽가공鮮葉加工'이라고도 하며, 각각의 단계를 거쳐 선엽을 모차로 만드는 과정을 뜻한다. 차의 종류에 따라 만드는 과정이 각기 다르기 때문에 초제 역시 모두 다르다. 보이차에서는 원료가 되는 쇄청모차의 가공을 초제가공이라고도 한다.

선엽 (鮮葉, Fresh tea leaves)

차나무에서 막 딴 잎으로 어떠한 처리 과정도 거치지 않은 상태의 신선한 잎을 말한다. 차를 만드는데 있어서 가장 기초가 되는 원료이다. 우리나라나 일본에서는 생엽生葉이라고도 표기한다.

채차 (採茶, Tea plucking)

적차摘茶라고도 한다. 차나무에서 선엽을 따는 작업을 말한다. 채차는 지역에 따라, 만드는 차에 따라 각기 다른 조건으로 시행한다. 보이차를 만드는 윈난지역은 기온이 고르고 따뜻한 편이기 때문에 통상 2월부터 11월까지 채차가 가능하다.

탄방 (攤放, tedding tea leaves)

선엽을 일정한 설비나 환경이 갖춰진 곳에 널어 놓는 작업이다. 수분을 증발시켜 잎을 부드럽게 만들 뿐만 아니라, 찻잎에 들어 있는 물질들의 변화가 일어나기 시작하며 찻잎 품질의 형성을 촉진시킨다. 위조萎凋라고도 하며, 지역이나 만드는 차의 종류의 따라 탄량攤涼, 정치靜置 등의 표현을 쓰기도 한다.

살청 (殺青, Fixation)

녹차, 황차, 보이차 등의 차의 초제 과정의 첫 단계이다. 그 목적은 두 가지가 있는데, 첫째는 열을 가하는 방법으로 선엽의 온도를 빠르게 올려 효소의 활성을 떨어트려 폴리페놀 물질의 효소 산화를 둔화시키는 것이다. 둘째는 차의 풀내를 어느 정도 제거시켜 차 품질 형성의 안정적인 기초를 제공하는 것이다. 보이차의 살청은 수공살청과 기계살청이 있다.

산화 (酸化, Oxidation)

어떤 물질이 산소와 화합하는 일이나 물질이 산소와 화합하는 반응. 차의 제조 과정에서는 폴리페놀 옥시다아제 등의 산화효소가 활동하여 찻잎이 산화됨으로써 찻잎이 갈변되고 품질의 변화를 일으키는 것을 일컫는다.

유념 (揉捻, Rolling)

사람 또는 기계의 힘을 이용하여 찻잎을 비비거나 문질러 길게 말린 형태로 만들거나 세포 조직을 파괴시키는 작업이다. 차의 형태를 만드는 중요한 단계로, 차의 즙이 잎의 표면으로 흘러나와 찻잎의 화학적 변화를 촉진시킨다.

해괴 (解塊, Ball break)

유념 후에 뭉쳐 있는 찻잎을 털어서 흩트리는 작업이다. 수공과 기계 작업 모두 가능하며, 해괴용 기계는 해괴기解塊機라고도 부른다.

쇄청 (曬靑, Solar drying)

쇄청건조曬靑乾燥의 준말로 쇄건曬乾이라고도 한다. 살청이나 유념과 같은 단계를 모두 거친 차를 마지막으로 건조할 때 태양빛에 자연적으로 건조한 차를 말한다. 주로 윈난雲南, 쓰촨四川, 구이저우貴州, 광시廣西 등지에서 만든다. 쇄청 녹차 등의 완제품 차도 만들지만, 대부분의 차는 병차, 타차 등 긴압차의 원료가 된다.

모차 (毛茶, Raw tea)

선엽이 초제 과정을 거친 후에 만들어지는 제품이다. 찻잎의 산지, 채엽시기, 채엽등급, 초제 설비 및 기술 등의 요인으로 인하여 매우 다양한 종류의 모차가 만들어진다. 모차는 정제 과정을 거쳐 완성품 차로 다시 만든다.

등급 (等級, Grade)

채차하는 기준에 따라 결정하는 차의 등급. 보이차는 보통 특급에서 10급까지 원료의 등급을 결정한다.

04

차의 가공 2
〈정제〉

정제 및 포장

1 사분 차를 가공하기 위해 차의 크기, 길이, 굵기, 무게 등에 따라 분류하는 것.
2 병배 두 종류 혹은 그 이상의 품질이 다른 차를 섞어 차의 품질은 완성하는 과정.
3 증압 고온의 증기로 찻잎에 신속하게 열과 습도를 더해, 점조성을 강화시켜 압력을 가해 차를 만드는 과정.
4 긴압 일정한 압력을 가해 차의 형태를 잡는 과정.
5 건조 차에 남아 있는 과도한 수분을 제거하여 차의 산화작용을 억제하고 장기 보관에 적합한 상태로 만드는 과정.

정제 (精制, Refinement processing)
'모차가공毛茶加工'이라고도 하며, 모차를 완성품 차로 만드는 과정이다. 모차에서 차의 씨앗이나 노쇠한 줄기 등을 골라낸 후 각기 다른 길이, 굵기, 크기, 무게 등의 요인에 따라 세밀하게 구분한 다음 적합한 가공 과정을 거쳐 완성차로 만든다.

사분 (筛分, Sieving)
차의 정제 가공 과정 중의 하나로, 가공을 편하게 하기 위해 차를 분류하는 작업이다. 차의 크기, 길이, 굵기, 무게 등에 따라 구멍의 크기가 다른 망을 사용하여 구분한다.

원사 (圓筛, Plane circular sifting)
평면으로 둥글게 회전하는 운동을 통해 사분을 하는 과정이다. 이와 같은 평면 회전 진동을 통해, 보이차 모차의 길이와 크기를 분류한다.

두사 (抖筛, Reciprocating sifting)
앞뒤로 움직이는 운동을 통해 찻잎을 구분해내는 과정. 체를 칠 때 앞뒤로 흔드는 진동을 통해 모차의 굵은 정도에 따라 분류해 낸다.

풍선 (風選, Blowing select)
'풍선風扇'이라고도 한다. 바람의 힘을 이용하여 차의 무게나 체적 등으로 구분해내는 작업이다.

사호차 (筛號茶, Sorted tea)
사공차筛孔茶라고도 한다. 차의 정제 과정 중에서의 반제품차의 이름이다. 차의 길이나 크기, 두께 등으로 사분을 거친 차를 통칭하는 것이다.

색선 (色選, Color select)

찻잎의 색깔로 황편이나 갈색이 도는 줄기 등을 골라내는 과정이다. 컬러 스캐너와 비슷한 원리인 색선기色選機라는 기계를 이용하기도 한다.

간척 (揀剔, Stalk separation)

중국의 전통적인 제다 방법 중에서 원료에 대한 첫 단계의 분류 및 정리 작업이다. 차를 만드는데 적합하지 않은 차의 줄기, 섬유질, 황편, 차 씨앗이나 이물질을 골라내는 작업이다.

롤러식 간척기

수작업으로 하는 간척

황편 (黃片, Yellow tea leaves)

비교적 노쇠한 찻잎으로 일반적인 찻잎에 비해 누런색을 띠기 때문에 황편이라고 불린다. 찻잎이 굵고 크거나 억세 유념 과정에서 제대로 조소가 만들어지지 않아 넓적하며 차를 만드는 과정에서 골라낸다. 황편은 찻잎의 조직이 두껍기 때문에 차 맛이 풍부하고 내포성이 좋은 경우도 있어, 보이차를 만드는 과정에서 일부러 골라내지 않고 두거나 황편만 모아 차를 만드는 경우도 있다.

악퇴 (渥堆, Pile-fermentation)

보이 숙차를 제조할 때 사용하는 특수한 발효 과정으로, 미생물효소작용의 촉진 및 습열 작용으로 인한 물리적 화학 변화를 말한다. 다시 말해 습도, 온도, 산소, 미생물대사활동이 종합적으로 작용하여 일어나는 변화를 말한다. 보이 숙차는 물을 뿌린 후의 모차를 일정한 형태와 규격으로 어느 기간 동안 쌓아 놓는데 차 안의 물질들이 복잡한 화학적 변화를 통해 보이차의 색, 향기, 맛의 품질 특징을 형성하는 것이다.

발효 (醱酵, fermentation)

미생물이 유기체에 작용하여 생장과 배양을 할 때 나타나는 화학적 변화를 통해 대량으로 생산되고 축적되는 전문 대사 물질의 축적 과정이다. 운남대엽종 쇄청차 또는 보이 생차를 특정한 환경조건에서 미생물, 효소, 습열, 산화 등의 종합 작용으로 찻잎 내의 화학물질이 일련의 변환을 일으켜 보이 숙차의 독특한 품질 특징을 형성한다.

현대화된 시설을 갖춘 맹해차창의 신발효실

번퇴 (飜堆, Turning)

악퇴 과정 중에서 차를 뒤집어 주는 작업이다. 번퇴를 제대로 진행하면 찻잎더미의 온도를 적절히 조절할 수 있어 발효에 도움이 된다. 제때 번퇴를 해주지 않으면 찻잎의 온도가 너무 올라가 발효가 과하게 진행된다.

병배 (拼配, Blending)

각 사호차의 품질 특징에 따라 적절한 비율로 상품을 조합하는 작업이다. 두 종류 혹은 그 이상의 품질이 다른 차를 섞는 배합 방법을 만드는 것인데, 일반적으로 생산지역이나 생산연도, 등급이 다른 찻잎을 섞어 차의 장점이 최대로 드러날 수 있게 만드는 과정이다.

배방 (配方, Recipe)

병배차 제조를 위한 등급이나 맛, 향 등이 다른 찻잎을 섞는 배합 방법을 말한다. 유명한 병배차의 경우 고유한 기본 배방을 가지고 있으며, 이는 병배차에 있어 가장 중요한 요소이다.

살면 (洒面, Facing tea)

긴압차의 가장 표면에 있는 찻잎이다. 상대적으로 안쪽에 있는 차보다는 더 높은 등급이나 조소가 고른 것을 쓴다.

포심 (包心, Inside tea)

긴압차의 안쪽에 있는 찻잎이다. 심차心茶라고도 한다.

포심(심차)

살면

증압 (蒸壓, Steaming and processing)

반제품 차에 고온의 증기로 신속하게 열과 습도를 더해, 점조성을 강화시켜 압력을 가해 차를 만드는 과정이다. 증기의 온도는 100℃ 정도이고, 증기를 가하는 시간과 압력을 가하는 시간 등은 차의 종류와 형태에 따라 달라진다. 눌러서 형태를 만든다는 뜻으로, 압제성형壓制成型이라고도 한다.

긴압 (緊壓, Compress)

찻잎에 힘을 가해 단단하게 만든다는 뜻으로, 일정한 압력으로 차의 형태를 잡는 과정을 말한다. 중압과 비슷한 뜻으로 사용된다.

석모 (石模, Stone pressing)

차를 눌러 병차를 만들 때 사용하는 돌로 만든 도구. 돌의 무게와 만드는 사람의 경험과 기술에 의해 차의 형태를 잡는다. 무거워야 하기 때문에 보통 석모 위에 사람이 올라가 밟으면서 차의 형태를 완성한다.

건조 (乾燥, Drying)

차의 가공 과정 중에 가장 마지막 단계로, 차에 남아 있는 과도한 수분을 제거하여 차의 산화작용을 억제하고 향기와 맛, 외형을 형성하는 과정이다. 차를 건조시키는 온도, 시간, 방법 등은 차의 품질을 완성하는 기술이라 할 수 있다. 각기 다른 차의 종류에 따라 홍건烘乾, 초건炒乾 등의 방법을 쓸 수 있다.

홍건 (烘乾, Oven dried at high temperatures)

차를 건조하는 방법 중의 하나로, 주로 뜨거운 바람을 이용하여 건조하는 방법으로 다양한 원리의 홍건기烘乾機를 사용한다. 보이차뿐만 아니라 백차, 녹차, 홍차 등 다양한 차의 제조 과정에서 널리 이용되는 건조 방법이다.

초건 (炒幹, Pan drying)

차를 건조하는 방법 중에 하나로, 일반적으로 솥을 써서 덖어내는 방법이다. 녹차 제다에서 흔히 쓰이며 초건으로 완성된 차는 밤 향기나 볶은 콩 향기 같은 구수한 향미를 형성한다.

홍방 (烘房, Drying room)

건조 시설이 갖추어져 있는 건조실을 말한다.

05

차의 평가

외형 (外形, Appearance)
사람의 촉각, 시각 등으로 판단할 수 있는 차의 형태. 찻잎의 모양, 색깔, 등급, 여린 정도, 부서진 정도, 깨끗한 정도가 포함된다.

단정 (端正, Normal)
긴압차의 형태가 부서진 곳 없이 완벽한 형태를 이룬 것.

결구 (缺口, Broken piece)
긴압차 표면이나 가장자리가 부서진 형태.

철병 (鐵餅, Iron cake)
차를 긴압할 때 너무 과하게 힘이 가해져 찻잎이 매우 딱딱하게 눌린 상태.

조소 (條索, Twist)
길쭉하게 말려 있는 찻잎을 묘사하는 말. 보통 타이트하거나 느슨하다는 식으로 표현한다.

세긴 (細緊, Wiry)
조소가 가늘고 타이트하게 말려 있으며, 형태가 완전한 것.

세눈 (細嫩, Fine and tender)
찻잎의 외형이나 엽저에 싹이 많이 보이며, 잎이 작고 가늘고 털이 선명하게 보이는 것.

현호 (顯毫, Tippy)
여리고 털이 많이 들어 있는 차의 외형을 묘사하는 말이다.

백호 (白毫, White Tip)

보이 생차에 들어 있는 은회색이나 흰색에 가까운 밝은 색의 털을 묘사하는 말이다.

금호 (金毫, Golden tip)

보이 숙차에 들어 있는 노란빛의 털을 묘사하는 말이다.

비장 (肥壯, Fat and bold)

찻잎에 살이 올라 통통하고 크며, 엽육葉肉이 두껍고 실해 풍만한 형태를 말한다.

백호

금호

긴결 (緊結, Tightly)

차의 조소가 타이트하고 실한 것. 세긴보다는 한 단계 낮은 등급을 말한다.

송포 (松泡, Loose)

차의 조소가 느슨하게 말려 있는 상태를 말한다.

추장 (粗壯, Coarse and bold)

찻잎이 거칠고 큰 것. 노쇠한 잎이나 등급이 낮은 잎을 평가할 때 많이 쓰이는 말이다.

추장

묵록

묵록 (墨綠, Blackish green)

보이 생차 마른 찻잎의 색깔로 매우 짙은 녹색이다.

흑갈 (黑褐, Blackish auburn)

검은 빛에 가까운 갈색으로 보이 숙차의 마른 찻잎색을 형용하는 말이다.

노심 (漏心, Heart unenveloped)

긴압차의 살면이 고르게 깔리지 않아 심차가 바깥으로 노출된 상태.

> **탕색 (湯色, Liquor colour)**
> 수색(水色)이라고도 하며, 차를 우린 후 나타나는 찻물의 색깔을 말한다.

명량 (明亮, Bright)
차탕이 깨끗하고 밝으며 투명한 상태.

청철 (淸澈, Clear)
깨끗하고 투명한 차탕.

선염 (鮮豔, Brilliant)
차탕의 색이 맑고 선명하며 산뜻한 상태.

녹황 (綠黃, Greenish yellow)
약간 푸르스름한 기운이 도는 노란색의 차탕. 보이 생차의 탕색이다.

등황 (橙黃, Orange yellow)
오렌지빛이 섞인 듯한, 약간의 불그스름한 기운이 도는 노란색의 차탕. 보이 생차가 몇 년 진화되면 생기는 탕색이다.

등홍 (橙紅, Orange red)
오렌지빛에서 붉은색으로 변해가는 중간 단계의 색. 붉은색에 노란빛이 약간 도는 상태를 말한다.

홍갈 (紅褐, Reddish brown)
붉은빛이 도는 갈색 차탕으로, 보이 숙차의 전형적인 색이다.

흑갈 (黑褐, Blackish brown)

아주 짙은 색의 차탕으로 검은빛에 가까운 갈색의 탕색으로, 보이 숙차의 탕색 가운데 하나이다.

녹황

등황

등홍

홍갈

흑갈

향기 (香氣, Aroma)

사람의 후각으로 판별할 수 있는 차에서 나타나는 각종 향. 차 본연의 향기를 비롯하여 향의 높고 낮음, 순수성, 지구성 등을 포함한다.

순정 (純正, Pure)

차의 향기와 맛을 표현하는 말. 잡향기와 잡내가 없고 깨끗하며 정상적인 차의 맛과 향을 말한다.

눈향 (嫩香, Fresh Falvour)

신선하고 우아한 차의 향기. 보통 고급 녹차나 홍차, 보이 생차의 향기를 형용하는 말이다.

호향 (毫香, Fresh aroma)

싹이 많이 함유된 차에서 나타나는 특유의 신선한 향기.

청향 (淸香, Clean aroma)

맑고 순수하며 우아한 차의 향기.

화과향 (花果香, Flowery and fruity aroma)

신선한 꽃이나 잘 익은 과일의 향기와 같이 매혹적인 향.

첨향 (甛香, Sweet aroma)

발효가 적당히 이루어진 차에서 나타나는 단 향.

초당향 (焦糖香, Caramel falvour)

첨향보다 더 달콤한 보이 숙차의 향.

연미 (煙味, Smoky)

차를 만드는 과정에서 삽입되는 스모키한 향이나 맛을 의미하며, 완성된 차의 향과 맛에 영향을 미친다.

진향 (陳香, Aging aroma)

차가 진화되고 난 후에 생성되는 향기. 보이차 및 육보차, 복전차 등의 흑차류에서 나타나는 전형적인 향기이다. 녹차의 진향은 품질이 떨어지는 것을 의미할 수 있으나, 보이차나 흑차의 진향은 보통 좋은 향기를 말한다.

미미 (黴味, Musty smell)

보이차의 보관이 잘못되어 곰팡이가 자랐을 때 나는 곰팡이 냄새.

> 중국에서 '味'는 맛뿐만 아니라 향기를 뜻하기도 한다. 예를 들어, 차에 잡미가 있다고 하면 냄새를 의미하는 '잡내'인 경우도 있고, 맛을 의미하는 '잡맛'인 경우도 있으니 주의하자.

창미 (倉味, Stored smell)

보이차의 저장 중 높은 온도와 습도의 영향을 받아 과도한 습 냄새가 나는 상태를 말한다.

잡미 (雜味, Peculiar smell)

보이차의 가공 과정이나 저장 중에 기름냄새 등의 이상한 냄새를 흡착하여 생성되는, 차의 품질을 떨어트리는 냄새.

지구성 (持久性, Persistant)

차에서 지속되는 향기의 여운. 상황에 따라 차가 다 식은 후에까지 남아 있는 잔여향을 말한다.

자미 (滋味, Taste)
사람의 미각으로 판별할 수 있는 차의 맛.

구감 (口感, Tasting sensation)
찻물에 녹아 있는 물질이 구강 내의 미각세포를 자극하여 형성되는 종합적 감각을 말한다.

선상 (鮮爽, Fresh and brisk)
차를 마셨을 때 느껴지는 신선하고 상쾌한 맛으로, 활력이 생기는 느낌. 감칠맛.

순후 (醇厚, Mellow and thick)
진하고 두터우며 순수한 맛. 보이차의 대표적인 맛이다.

농후 (濃厚, Heavy and thick)
차의 맛이 진하고 자극성이 강하며 바디감이 느껴지는 맛을 이른다.

생진 (生津, Saliva secretion promoting)
차를 마신 후에 침을 생기게 하는 작용. 침이 생기는 위치에 따라 설면舌面, 양협兩頰, 설저舌底 등으로 구분한다. 차에 들어있는 유기산, 비타민 C가 타액의 분비를 촉진시키고, 폴리페놀화합물, 아미노산, 유리당과 사포닌 화합물 등이 구강 중의 타액과 반응을 일으켜 구강을 습윤하게 만들어준다.

회감 (回甘, Sweet after taste)
차를 마시고 난 후에 입안과 목구멍에 느껴지는 단맛.

수렴성 (收斂性, Astringency)
카테킨 등의 페놀성 물질에 의하여 미각기관의 단백질이 변성되어 느껴지는 감각. 일반적으로 강하고 자극적인 차를 마셨을 때, 입안에 느껴지는 조이는 듯한 느낌.

농강 (濃强, Heavy and strong)
차의 맛이 진하고 자극성이 강한 맛.

고삽 (苦澁, Bitter and astringency)
쓰고도 떫은 차의 맛. 혀 점막의 수렴작용 또는 점막의 단백질을 응고하는 작용으로 느껴지는 쓰고 떫은 맛. 찻잎으로 만든 차라면 기본적으로 존재하는 맛.

퇴미 (堆味, Ripe taste)
악퇴를 거친 숙차에서 나타나는, 발효가 만들어내는 특유의 맛이나 향.

수미 (水味, Watery taste)
차의 맛을 구성하는 유효성분이 부족하여 차의 맛이 매우 연하게 느껴지고 물맛이 강하게 나타나는 느낌.

매미 (霉味, Mouldy taste)
제대로 보관되지 못한 차에서 곰팡이가 자라면서 만들어내는 불쾌한 맛.

층차감 (層次感, Layering)

입 안에서 느껴지는 차의 다채로운 느낌. 쓰고 떫은 맛, 바디감, 단맛 등 여러 가지 맛이 순차적으로 나타나는 느낌.

내포 (耐泡, Durable)

차의 함유물질이 풍부하여, 차를 여러 차례 우리는 것이 가능한 상태. 일반적으로 대엽종을 원료로 만든 차가 중소엽종의 차보다, 품질이 좋은 차가 품질이 떨어지는 차보다 내포성이 좋다.

엽저 (葉底, Infused leaf)

차를 우리고 난 후, 찻물을 다 따라내고 난 상태의 젖은 잎. 사람의 시각과 촉각을 통해 차의 여린 정도, 색깔, 크기, 깨끗한 정도 등 다양한 정보를 얻을 수 있다.

생차 엽저

숙차 엽저

비후 (肥厚, Fat and thick)

싹과 잎이 튼실하고 엽육이 두터운 것을 말한다. 대엽종으로 만든 차에서 많이 나타나는 특징이다.

균정 (勻淨, Even and clean)

찻잎의 크기가 고르고, 줄기나 다른 이물질이 없이 깨끗한 상태. 보통 잘 만들어진 차를 묘사할 때 쓰이는 말이다.

화잡 (花雜, Mixed)

찻잎의 색이나 형태가 고르지 않고 지저분해 보이는 상태.

탄화 (碳化, Carbonization)

찻잎과 색이 까맣고 딱딱하게 변화하는 현상. 탄화는 악퇴가 제대로 되지 않았거나, 보관 온도가 과하게 높거나, 건조가 제대로 되지 않아 생성되는 것이다.

목질화 (木質化, Lignification)

식물의 목질화는 식물 세포벽에 리그닌lignin이 축적되어 나무처럼 단단해지는 현상이다. 차의 목질화는 찻잎이 자라면서 줄기 등이 붉게 변하는 현상이나 고온, 고습, 통풍이 안되는 조건에서 만들어지는 현상을 말한다. 또 찻잎에 들어 있는 물질들이 파괴되어 생기기도 한다.

06

차의 포장 및 보관

진화 (陳化, Ageing)

완성된 차를 보관하거나 저장해두는 과정에서 발생하는 차 품질의 변화 과정이다. 차를 보관하는 과정에서 폴리페놀류의 물질이 스스로 산화되기 시작하며, 퀴논류의 물질이 생성되거나 다른 물질과 결합하여 황갈색의 취합물을 형성한다. 폴리페놀 물질이 지나치게 많이 산화되게 되면 차의 맛은 다소 연하게 변하며 차탕의 색이 진해진다. 이 과정을 겪으면서 나타나는 맛을 진미陳味, 향을 진향陳香이라고 부른다.

월진월향 (越陳越香, The older the better)

오래될수록 풍미가 좋아진다는 뜻으로 보이차 특유의 시간적 흐름이 만들어내는 품질과 가치의 상승을 묘사하는 표현이다.

신차 (新茶, Fresh tea)

그해에 찻잎을 따서 만든 차를 말한다. 진차와 반대되는 어휘이다. 보이차에서의 신차란 찻잎을 딴 그해에 만든 차뿐만 아니라 만든지 몇 년 안 된 것을 포함하기도 한다.

진차 (陳茶, Old crop tea)

1년, 혹은 그 이상 된 찻잎을 말한다. 그러나 통상적으로는 최소 만든지 몇 년은 지난 차를 일컫는 표현으로 많이 쓰인다. 홍차나 녹차에 있어서 진차란 품질이 떨어지고 있는 것을 의미하지만, 보이차에서는 품질이 우수하다는 의미이다. 보이차에서는 진년보이陳年普洱라고도 한다.

노차 (老茶, Aged tea)

진차와 혼용되어 쓰이는 말로 만들고 나서 오랜 시간이 지난 차를 말한다.

건창 (幹倉, Dry storage)

비교적 건조하고 적당한 온도의 저장 환경을 이른다. 정확히는 저장고를 의미하지만, 건창의 환경에서 보관된 차를 건창차라고도 부른다. 최근에는 자연창과 혼용되어 사용되기도 한다.

습창 (湿倉, Wet starage)

완성된 보이차를 통상 실내온도 30℃, 습도 80% 이상의 고온 고습한 환경에 고의로 노출하여 급격한 변화를 유도한 차를 말한다. 습창에서 만들어진 차를 습창차 또는 작업차라고도 부른다.

습창차

자연창 (自然倉, Natural starage)

특별히 온도나 습도를 조절하지 않고, 자연 상태의 저장고에서 보관하는 것. 똑같이 자연창이라고 하더라도 건조하고 추운 북방 지역의 자연창은 변화가 비교적 느리지만 상대적으로 향이 좋은 반면, 습하고 더운 남방 지역의 자연창은 변화가 빠르고 맛이 잘 나타난다.

금화 (金花, Eurotium cristatum)

복전차茯砖茶에서 생기는 관돌산랑균冠突散囊菌이 작은 노란색이기 때문에 노란 꽃이 핀 것 같다 하여 붙은 이름. 금화가 핀 복전차는 맛이 두터워지고 감칠맛이 늘어난다.

백상 (白霜, hoar frost)

보이차 표면에 하얗게 생성되는 물질. 습도가 높을 때 많이 나타나며 건조하면 줄어든다. 곰팡이의 일종으로 추정되며 그 성분에 대해서는 아직까지 명확히 밝혀진 바 없다.

매변 (霉變, Moldy)

보이차에 곰팡이가 피어 변질된 상태. 우렸을 때 강한 곰팡이의 냄새가 난다.

마호 (嘜號, Mark)

차를 수출할 때 지비支飛라는 종이의 맥두嘜頭라는 칸에 기록하던 숫자로 된 차의 이름. '맥호'라고도 한다.

편 (片, Piece)

보이차 병차의 낱개를 세는 단위.

통 (筒, Tube)

보이차 병차 7편을 하나로 묶은 단위. 죽포장이나 종이 포장으로 매 7편마다 따로 포장한다.

건 (件, Box)

보이차의 수량 단위이다. 전통적인 건은 보이차 12통을 대나무로 짠 람藍에 넣었으며, 현재는 병차를 기준으로 1건에 4통 혹은 6통을 종이상자에 포장한다.

내비 (內飛, Inside quick)

긴압차 압제를 하는 과정에서 넣는 생산자 혹은 주문제작자의 정보를 담은 종이이다.

대표 (大票, Inside ticket)

건 단위 상자에 들어가는 차 이름, 중량, 생산자 등 상품에 대한 간략한 정보를 기재한 종이. 내표內標라고도 부른다.

편 (片, Piece)

둥그렇고 납작한 형태의 보이차 병차 낱개를 세는 단위.

통 (筒, Tube)

보이차 병차 7편을 하나로 묶은 단위. 대나무 껍질이나 종이로 포장함.

건 (件, Box)

4통 혹은 6통을 한 상자에 포장한 것.

내비 (內飛, Inside quick)

긴압차 압제를 하는 과정에서 넣는 생산자
혹은 주문제작자의 정보를 담은 종이.

면지 (綿紙, Cotton paper)

보이차를 싸는 종이로, 오랜 기간 차를 보호할 수 있도록 부드럽고 두꺼운 재질로 되어 있다. 차에 직접 닿는 포장재이므로 식품에 적합한 종이로 제작하며, 인쇄를 할 때도 식품에 적합한 잉크를 사용해야 한다.

비차 (批次, Lot)

제품 생산에 따른 연도와 생산 차수를 기재한 번호. 세 자리나 네 자리로 기재한다.

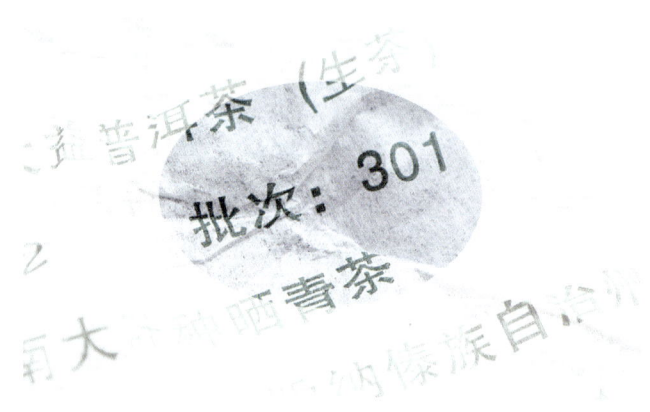

방품 (仿品, Imitation)

특정 보이차 제품을 모방하여 만든 가짜 제품. 품질이 좋아 유명세를 타는 제품이나 가격이 높게 책정된 브랜드의 제품 등을 모방한 것이 많이 유통된다.

질량안전 (質量安全, Quality safety)

식품의 품질 안전 인증을 취득을 의미하며, 줄여서 QS라고 한다. 차뿐만 아니라 식품 전 분야에서 광범위하게 시행되고 있는 품질인증제도이며, QS인증을 취득한 차창에서 생산되는 차에는 포장지에 QS마크를 부착한다.

07

차의 성분

티폴리페놀 (茶多酚, Tea polypenols)

차나무에 존재하는 다원페놀화합물의 혼합물이다. 카테킨, 플라보노이드, 페놀산, 안토시아니딘 등으로 구성되어 있다. 차의 색, 향, 맛을 비롯하여 효능을 구성하는 주요성분이다.

카테킨 (儿茶素, Catechin)

백색의 결정체로 물에 쉽게 녹는 성질을 지녔다. 차나무에서 생성되는 카테킨 중에는 카테킨C, 에피카테킨EC, 갈로카테킨GC, 에피갈로카테킨EGC, 에피카테킨갈레이트ECG, 에피갈로카테킨갈레이트 EGCG 등이 있으며, 이러한 성분들의 함유량과 차의 품질은 밀접한 상관관계를 지닌다.

테아플라빈 (茶黃素, Theaflavin)

페놀류 산화 취합 산물로, 차의 색과 맛을 구성하는 주요 성분이다. 등황색의 침형 결정으로 물에 쉽게 용출된다. 테이플라빈의 함량은 차 맛의 신선하고 상쾌함을 결정하는 주요 요인이다.

테아루비긴 (茶紅素, Thearubigin)

페놀류 산화 취합 산물로, 진한 홍색의 색소이기도 하다. 카테킨류와 같은 강한 항산화작용, 항균, 항암활성 효능을 가지고 있다.

테아브로닌 (茶褐素, Theabrownin)

페놀류 산화 취합 산물로, 짙은 갈색을 띤다. 테아플라빈과 테라루비긴에서 더 산화되고 취합되어 형성된 물질이다. 다당, 단백질 등의 물질과 반응을 일으켜 형성된 복합물이다. 보이숙차의 색, 향, 미와 직접적인 관계가 있다.

폴리페놀옥시다아제 (多酚氧化酶, Polyphenol oxidase)

카테킨산화효소라고도 말하는 일종의 말단산화효소로, 찻잎에 들어 있는 카테킨이 오르토퀴논orthoquinone으로 형성되는 작용을 촉진시키며, 테아플라빈 등의 색소물질과 향기 성분 등을 형성시킨다.

알칼로이드 (生物碱, Alkaloids)

보통 유기산과 결합하여 식물체에 존재하는 염기성 함 질소 화합물의 총칭. 쓴맛을 가진 것이 많으며, 차에는 카페인, 테오필린 등이 함유되어 있다.

단백질 (蛋白質, Protein)

여러 종류의 아미노산으로 구성된 고분자 유기화합물로, 찻잎에 들어 있는 질소를 포함하고 있는 화합물이다. 싹이나 여린 찻잎에 들어 있는 단백질의 양은 다 자란 잎이나 쇠한 잎에 들어 있는 것보다 많고, 여름차나 가을차보다 봄차에 많다. 찻잎에 들어 있는 단백질은 알부민, 글로불린, 글루텔린 등이 있다.

아미노산 (氨基酸, Amino acid)

아미노기(NH2)와 카르복실기(COOH)를 포함하고 있는 일종의 유기화합물의 통칭으로, 단백질, 활성펩타이드, 효소 및 기타 일종의 생물 활성분자의 중요한 구성성분이다. 비단백질아미노산으로 중성아미노산, 산성아미노산, 염기성아미노산으로 구분할 수 있다. 유리상태로 존재하는 아미노산을 유리아미노산이라고 하는데, 차를 우렸을 때 나타나는 감칠맛을 구성하는 주요한 원인이 된다. 보통 쇤잎보다 어린잎에 많이 들어 있다.

테아닌 (茶氨酸, Theanine)

찻잎에 들어 있는 비단백질 아미노산의 일종으로, 1950년 일본의 옥로차에서 검출된 것으로 알려져 있다. 백색의 침형 결정체로, 달짝지근하고 감칠맛을 형성하며, 차의 쓰고 떫은 맛을 완화시키며 단맛을 증가시킨다. 차에서 나타나는 단향과 감칠맛을 구성하는 물질이다. 물에 매우 쉽게 용출된다.

감마아미노뷰티르산 (γ-氨基丁酸, γ-aminobutyric acid)

일종의 비단백질 아미노산으로 약칭으로 가바라고 부른다. 일반적 상황에서는 찻잎에 거의 존재하지 않으나, 보이차의 경우 진화 기간이 오래되면 함량이 증가하는 것으로 알려져 있다. 혈압을 낮추는 효과가 있다.

단당 (單糖, Monosaccharide)

가수분해에 의하여 더 이상의 간단한 화합물로 분해되지 않는 당류로 단맛을 형성한다. 포도당, 과당, 갈락토오스 등이 이에 해당되며, 찻잎에 들어 있는 단당은 약 1~2% 정도로 계절과 등급에 따라 차이가 난다. 보통 여름을 제외한 계절에 많이 형성된다.

다당 (多糖, Polysaccharide)

여러 개의 단당이 글리코사이드glycocide결합을 하여 형성된 당류를 말한다. 일종의 대분자 물질이다. 찻잎의 다당물질에는 셀룰로오스, 전분, 펙틴 등이 있으며, 잎의 여린 정도에 따라 다르다. 일반적으로 잎이 쇠해지면 함량이 높아진다.

카페인 (咖啡因, Caffeine)

퓨린Purine염기의 하나이다. 백색의 침형 결정으로, 냄새가 없고 쓴맛을 띠는 물질이다. 찻잎에 들어 있는 성분 중 카테킨류 다음으로 많은 것으로 차에는 2~4% 정도 함유된다. 쇠한 찻잎보다는 여린 찻잎에 더 많이 들어 있고, 봄차보다 여름차에 많이 들어 있다. 테아플라빈과 결합하여 차의 신선하고 상쾌한 맛을 형성한다. 각성, 흥분, 이뇨작용이 있다.

수용성 비타민 (水溶性維生素, Water soluble vitamin)

비타민류 중 물에 녹는 성질을 가진 비타민. 비타민 B1, B2, 비타민 C, 니코틴산, 비타민 P 등이며, 차를 우려 마실 때 섭취가 가능한 비타민이다.

안토시아닌 (花青素, Anthocyanin)

식물체 각 부위에 함유된 수용성 색소. 식물의 잎이나 꽃 부위에서 나타나는 빨강, 보라, 파랑 등의 수용성 색소. 찻잎에 안토시아닌이 많이 포함되면 자색을 띠는 경우가 있다.

펙틴 (果胶, Pectin)

세포간 물질 또는 세포막 구성성분으로 갈락튜론산의 중합체가 주체인 콜로이드 상태의 복합다당류이다. 수용성 펙틴은 맛이 없지만 찻물에 점도를 부여하여 입안에서의 감촉을 좋게하는 효과가 있다.

08

차를 우리는 도구

찻자리에 필요한 도구

1. 차칙
2. 차시
3. 공도배
4. 차호
5. 호승
6. 개치
7. 품명배
8. 차탁

개완 (蓋碗, Covered tea bowl)

차를 우리거나 마시는 그릇. 자기로 된 것이 가장 흔하며 도기, 자사, 유리 등 다양한 재질로 쓰인다. 청나라 강희 연간부터 나타나기 시작해 널리 알려지게 되었으며 경덕진景德鎭의 제품이 잘 알려져 있다.

차호 (茶壺, Tea pot)

차를 우리는데 최적화되어 있는 전용 주전자. 차에 따라 다양한 재질과 크기를 선택하여 사용할 수 있다.

자사호 (紫砂壺, Purple clay teapot)

장수江蘇 이싱宜興 지역에서 나는 자사라는 광물질로 만드는 차 전용 주전자를 말한다. 소성 후에 주로 붉은빛을 띠기 때문에 붉은색 모래라는 이름으로 부르며, 통기성이 좋아 차의 맛과 향을 부드럽게 살려주는 데 제격이다.

건수자도 (建水紫陶, Jianshui purple clay)

윈난 지엔수이建水에서 생산되는 전통 공예품으로, 장수江蘇의 자사, 광시廣西의 니훙도坭興陶, 쓰촨四川의 안도安陶와 더불어 중국 4대 명도의 하나이다. 건수자도의 차호들 역시 보이차를 우리는 데 사용된다.

개완

차호

자사호

공도배 (公道杯, Fairness cup)

차탕의 농도를 균일하게 하는 목적의 도구. 탕색을 볼 수 있도록 유리로 된 것이 가장 흔하게 쓰인다. 개완이나 차호로 우린 차를 작은 잔에 따르게 쉽게 하는 용도이기도 하다.

품명배 (品茗杯, Tea cup)

차를 마시는 작은 사이즈의 잔. 개인의 기호나 용도에 따라 다양한 크기와 재질 중에서 고를 수 있다. 차배茶杯나 찻잔茶盞 등의 이름으로 불리기도 한다.

차탁 (茶託, Saucer)

찻잔을 받치는 용도의 물건. 배탁杯托, 잔탁盞托 등으로도 부른다. 나무, 도기, 자기, 금속, 유리, 천 등 매우 다양한 재질과 형태가 있다.

거름망 (濾網, Tea strainer)

차를 우렸을 때 차탕에 섞여 나올 수 있는 작은 찻잎이나 찻잎 부스러기를 걸러내는 도구. 깨끗한 차를 마실 수 있게 해주는 용도이다.

차침 (茶針, Tea needle)

긴압되어 있는 보이차를 교차撬茶하는 용도로 사용한다. 단어 그대로 뾰족한 침이나 송곳 형태로 이루어져 있으며, 차에 힘이 가해져야 하므로 주로 금속으로 만든다. 이 외에 호 주둥이에 찻잎이 끼거나 했을 때 빼는 용도로 사용하는 가늘고 긴 물건도 차침이라고 부른다.

차칼 (茶刀, Tea knife)

차침과 같은 용도의 물건. 차침에 비해 넓고 납작한 작은 칼 형태의 물건이다.

차칙 (茶則, Tea scoop)

차관에서 차를 떠서 차호 등에 옮겨 넣을 때 사용하는 넓고 긴 형태의 찻숟가락. 최근에는 찻자리 위에 놓고 찻잎을 올려 놓을 수 있게 제작된 등이 굽은 형태의 나무, 금속 등의 물건도 차칙이라고 통칭한다.

차시 (茶匙, Tea spoon)

원래는 찻잎이나 찻가루를 뜰 수 있는 찻숟가락을 의미하나, 차하 혹은 차칙 위에 올려져 있는 찻잎을 차호 등에 밀어 넣을 때 쓰는 길쭉하고 얇은 도구 역시 차시라고 부른다.

1 차시 2 차칙

해다반 (解茶盤, tea tasting plate)

차를 교차撬茶할 때 보이차를 올려놓는 판. 흔히 차 품평할 때 사용하는 품평반審評盤과 통용하여 사용한다.

차지 (茶池, Tea Pool)

호나 개완 등을 올려놓는 것으로, 보통 타원형이나 원형 등이나 최근에는 다각형이나 접시 형태의 것들도 많이 쓰인다. 호나 개완을 올려놓고 테이블에 물이 흐르지 않게 받치는 용도이다. 도기, 자기, 자사, 유리, 금속 등 다양한 재질의 것을 자

유롭게 믹스매치하여 찻자리의 분위기를 만들어주는 주요한 도구이기도 하다. 차선茶船, 차해茶海 등의 이름으로도 불린다.

호승 (壺承, teapot board)

호를 돋보이게 하는 심미적 목적과 호에서 혹시 흐를 수 있는 물을 받기 위한 실용적 목적으로, 차호 밑에 받치는 도구. 접시처럼 납작한 형태, 물을 담을 수 있을 만큼의 높이가 있는 것들이 두루 사용된다.

차판 (茶盤, Tea tray)

차도구를 올려놓을 수 있는 편평한 형태의 모든 물건을 말한다. 상황에 따라 건식 찻자리에서는 넓고 편평한 나무판과 같은 형태이기도 하고, 습식 찻자리의 물빠짐이 가능한 형태의 판도 있다. 또한 길쭉하게 여러 개의 잔을 올려놓을 수 있는 것도 차판에 해당된다. 나무, 돌, 금속, 자기, 도기 등 매우 다양한 재질과 크기로 만들며, 찻자리의 개성적인 연출과 실용적인 사용을 위해 많이 활용된다.

차총 (茶寵, Tea curio)

찻자리에서 총애받는 애완이라는 의미를 가지고 있으며, 찻자리에 얹어놓고 찻물을 부어가며 길들이는 장식품을 의미한다. 황금두꺼비·비휴貔貅 처럼 상상 속의 벽사辟邪 동물이나 밤·땅콩·사과 등의 자연물을 본 딴 것, 동자·여인 등의 사람 모양 등 매우 다양한 형태와 종류가 있다.

개치 (盖置, Lid saucer)

자사호나 개완 등 뚜껑이 있는 차도구의 뚜껑을 열어 내려놓는 받침을 말한다.

차하 (茶荷, Tea holder)

우릴 차를 미리 담아놓는 작은 그릇이다. 다하에서 직접 차호 등에 찻잎을 부어 넣기도 하고, 손님에게 찻잎을 보여주는 용도로 사용하기도 한다.

차건 (茶巾, Tea towel)

찻자리에 사용되는 작은 사각형의 천을 말한다. 찻자리 위에 떨어진 물을 닦거나, 찻그릇에 물을 흘리는 것을 방지하기 위해 들거나, 주전자가 뜨거울 때 받치는 용도로 사용한다.

집게 (茶夾, Tea tongs)

보이차를 우릴 때 물의 온도가 매우 뜨겁고 사용하는 잔이 작아 잡기 불편한 경우, 예열 등의 과정에서 찻잔을 잡을 때 사용하는 도구이다.

차관 (茶罐, Tea caddy)

차를 담아놓는 통. 차합茶盒이나 차엽관茶葉罐이라고도 부른다. 도기, 자기, 나무, 옥, 금속, 칠기 등 매우 다양한 것이 사용된다. 몸체와 뚜껑으로 이루어져 있다. 일반적으로 차를 담아놓는 것은 밀폐가 되어야 하며, 보이차를 담는 것은 밀폐가 되지 않는 것이 좋다.

수우 (水盂, Tea basin)

차를 우리는 과정에서 예열물이나 다 우린 찻잎 등을 따라내는 큰 그릇. 우리나라에서는 흔히 퇴수기라고 부른다.

/ 자모순 표제어 찾기

ㄱ

가을차 (秋茶, Autumn tea)	37
간척 (揀剔, Stalk separation)	57
감마아미노뷰티르산 (γ-氨基丁酸, γ-aminobutyric acid)	92
감보차 (柑普茶, Citrus pu'er tea)	36
개완 (蓋碗, Covered tea bowl)	98
개치 (盖置, Lid saucer)	104
거름망 (濾網, Tea strainer)	100
건 (件, Box)	83
건수자도 (建水紫陶, Jianshui purple clay)	98
건조 (乾燥, Drying)	61
건창 (幹倉, Dry storage)	81
겨울차 (冬茶, Winter tea)	38
결구 (缺口, Broken piece)	64
고산차 (高山茶, High mountain tea)	38
고삽 (苦澁, Bitter and astringency)	73
고차수 (古茶樹, Ancient tea plant)	21
공도배 (公道杯, Fairness cup)	100
과도형 (過度型, Transitive type tea plant)	20
과실 (果實, Fruit)	27
관목형 (灌木型, Shrub form)	18
교목형 (喬木型, Arbor form)	18
구감 (口感, Tasting sensation)	72
균정 (勻淨, Even and clean)	76
금호 (金毫, Golden tip)	65

금화 (金花, Eurotium cristatum)   82

긴결 (緊結, Tightly)   66

긴압 (緊壓, Compress)   61

긴압차 (緊壓茶, Compressed tea)   34

ㄴ

내비 (內飛, Inside quick)   83

내포 (耐泡, Durable)   74

노심 (漏心, Heart unenveloped)   67

노차 (老茶, Aged tea)   81

녹황 (綠黃, Greenish yellow)   68

농강 (濃强, Heavy and strong)   73

농후 (濃厚, Heavy and thick)   72

눈향 (嫩香, Fresh Falvour)   70

ㄷ

다당 (多糖, Polysaccharide)   93

단당 (單糖, Monosaccharide)   93

단백질 (蛋白質, Protein)   91

단정 (端正, Normal)   64

대수차 (大樹茶, Big tree tea)   40

대지차 (台地茶, Tableland tea)   22, 39

대차수 (大茶樹, Big tea tree)   21

대표 (大票, Inside ticket)   83

두사 (抖篩, Reciprocating sifting)   56

등급 (等級, Grade)	52
등홍 (橙紅, Orange red)	68
등황 (橙黃, Orange yellow)	68

ㅁ

마호 (嘜號, Mark)	83
매미 (霉味, Mouldy taste)	73
매변 (霉變, Moldy)	83
면지 (綿紙, Cotton paper)	86
명량 (明亮, Bright)	68
명전차 (明前茶, Tea picked before Qingming Festival)	38
모차 (毛茶, Raw tea)	52
목질화 (木質化, Lignification)	76
묵록 (墨綠, Blackish green)	67
미미 (黴味, Musty smell)	71

ㅂ

반교목형 (半喬木型, Semi-treerescent form)	18
발효 (醱酵, fermentation)	59
방차 (方茶, Cube tea)	34
방품 (仿品, Imitation)	86
방해각 (螃蟹脚, Viscum articulatum Burm.f)	28
배방 (配方, Recipe)	60
백상 (白霜, hoar frost)	82
백호 (白毫, White Tip)	65

번퇴 (飜堆, Turning) 59

병배차 (拼配茶, Blended tea) 42

병배 (拼配, Blending) 59

병차 (餅茶, Cake tea) 34

보이 생차 (普洱生茶, Pu'er Raw Tea) 30

보이 숙차 (普洱熟茶, Pu'er Ripe Tea) 30

보이차고 (普洱茶膏, Pu'er tea ointment) 35

보이차 (普洱茶, Pu'er tea) 30

보이차분 (普洱茶粉, Pu'er tea powder) 35

봄차 (春茶, Spring tea) 37

비장 (肥壯, Fat and bold) 65

비차 (批次, Lot) 86

비후 (肥厚, Fat and thick) 75

ㅅ

사분 (篩分, Sieving) 56

사호차 (篩號茶, Sorted tea) 56

산두차 (山頭茶, Mountain tea) 40

산차 (散茶, Bulk tea) 34

산채차 (山寨茶, Mountain fastness tea) 40

산화 (酸化, Oxidation) 51

살면 (洒面, Facing tea) 60

살청 (殺靑, Fixation) 51

색선 (色選, Color select) 57

생진 (生津, Saliva secretion promoting) 72

석모 (石模, Stone pressing) 61

선상 (鮮爽, Fresh and brisk) 72

선염 (鮮豔, Brilliant) 68

선엽 (鮮葉, Fresh tea leaves) 50

세긴 (細緊, Wiry) 64

세눈 (細嫩, Fine and tender) 64

소교목형 (小喬木型, Semi-treerescent form) 18

소타차 (小沱茶, Mini Tuo tea) 35

송포 (松泡, Loose) 66

쇄청 (曬青, Solar drying) 52

수렴성 (收斂性, Astringency) 73

수미 (水味, Watery taste) 73

수용성 비타민 (水溶性維生素, Water soluble vitamin) 94

수우 (水盂, Tea basin) 105

수전 (修剪, Tea pruning) 21

순료차 (純料茶, Virgin material tea) 42

순정 (純正, Pure) 70

순후 (醇厚, Mellow and thick) 72

습창 (湿倉, Wet starage) 81

신차 (新茶, Fresh tea) 80

ㅇ

아미노산 (氨基酸, Amino acid) 92

아포차 (芽苞茶, Bud tea) 36

악퇴 (渥堆, Pile-fermentation) 58

안토시아닌 (花青素, Anthocyanin)	94
알칼로이드 (生物碱, Alkaloids)	91
야방차 (野放茶, Abandoned planted tea)	40
야생차수 (野生茶樹, Wild tea tree)	21
야생차 (野生茶, Wild tea)	40
야생형 (野生型, Wild tea plant)	20
여름차 (夏茶, Summer tea)	37
연미 (煙味, Smoky)	71
엽저 (葉底, Infused leaf)	75
외형 (外形, Appearance)	64
우전차 (雨前茶, Tea picked before Grain Rain)	38
운남대엽종 (雲南大葉種, Yunnan large leaf types)	25
원사 (圓篩, Plane circular sifting)	56
원시형 (原始型, Primitive type tea plant)	20
월진월향 (越陳越香, The older the better)	80
유념 (揉捻, Rolling)	51

ㅈ

자미 (滋味, Taste)	72
자사호 (紫砂壺, Purple clay teapot)	98
자아 (紫芽, Violet bud)	26
자연 (紫娟, Zijuan tea)	26
자연창 (自然倉, Natural starage)	82
잡미 (雜味, Peculiar smell)	71
재배형 (栽培型, Cultural type tea plant)	20

전차 (磚茶, Brick tea)	35
정제 (精制, Refinement processing)	56
조소 (條索, Twist)	64
종자 (种子, Seed)	28
증압 (蒸壓, Steaming and processing)	60
지구성 (持久性, Persistant)	71
진차 (陳茶, Old crop tea)	80
진향 (陳香, Aging aroma)	71
진화 (陳化, Ageing)	80
질량안전 (質量安全, Quality safety)	87
집게 (茶夾, Tea tongs)	105

ㅊ

차건 (茶巾, Tea towel)	105
차관 (茶罐, Tea caddy)	105
차두 (茶頭, Clod of tea leaves)	43
차수왕 (茶樹王, The king of tea trees)	24
차시 (茶匙, Tea spoon)	101
차지 (茶池, Tea Pool)	102
차총 (茶寵, Tea curio)	104
차칙 (茶則, Tea scoop)	101
차침 (茶針, Tea needle)	100
차칼 (茶刀, Tea knife)	101
차탁 (茶託, Saucer)	100
차판 (茶盤, Tea tray)	103

차하 (茶荷, Tea holder) 104
차호 (茶壺, Tea pot) 98
차화 (茶花, Tea flower) 27
창미 (倉味, Stored smell) 71
채차 (採茶, Tea plucking) 50
철병 (鐵餠, Iron cake) 64
첨향 (甛香, Sweet aroma) 70
청철 (淸澈, Clear) 68
청향 (淸香, Clean aroma) 70
초건 (炒幹, Pan drying) 62
초당향 (焦糖香, Caramel falvour) 70
초제 (初制, Primary processing) 50
추장 (粗壯, Coarse and bold) 66
층차감 (層次感, Layering) 74
칠자병차 (七子餠茶, Qizibing tea) 42

ㅋ

카테킨 (儿茶素, Catechin) 90
카페인 (咖啡因, Caffeine) 93

ㅌ

타차 (沱茶, Tuo tea) 35
탄방 (攤放, tedding tea leaves) 50
탄화 (碳化, Carbonization) 76
탕색 (湯色, Liquor colour) 68

테아닌 (茶氨酸, Theanine)	92
테아루비긴 (茶紅素, Thearubigin)	91
테아브로닌 (茶褐素, Theabrownin)	91
테아플라빈 (茶黃素, Theaflavin)	90
통 (筒, Tube)	83
퇴미 (堆昧, Ripe taste)	73
특형차 (特型茶, Special type tea)	35
티폴리페놀 (茶多酚, Tea polypenols)	90

ㅍ

펙틴 (果胶, Pectin)	94
편 (片, Piece)	83
포심 (包心, Inside tea)	60
폴리페놀옥시다아제 (多酚氧化酶, Polyphenol oxidase)	91
품명배 (品茗杯, Tea cup)	100
풍선 (風選, Blowing select)	56

ㅎ

해괴 (解塊, Ball break)	51
해다반 (解茶盤, tea tasting plate)	102
향기 (香氣, Aroma)	70
현호 (顯毫, Tippy)	64
호승 (壺承, teapot board)	103
호향 (毫香, Fresh aroma)	70
홍갈 (紅褐, Reddish brown)	68

홍건 (烘乾, Oven dried at high temperatures)   62

홍방 (烘房, Drying room)   62

화과향 (花果香, Flowery and fruity aroma)   70

화잡 (花雜, Mixed)   76

황야차 (荒野茶, Wild tea plant)   20

황편 (黃片, Yellow tea leaves)   58

회감 (回甘, Sweet after taste)   73

흑갈 (黑褐, Blackish auburn)   67

흑갈 (黑褐, Blackish brown)   69